Rimar y soñar

LIBROS PARA LEER,
REÍR Y APRENDER

Cuando crezca –¡qué ilusión!–, ¿cuál será mi profesión?

CARMEN GIL
ILUSTRACIONES JESÚS AGUADO

algar
editorial

¡Qué importante es la **bombera**!
Con escalera y manguera,
rescató a un perro sin rabo
de un incendio en el octavo.
Si la llamas, ya verás
como acude en un pispás.

La **astronauta**, en su cohete,
lo pasa de rechupete.
¡Qué suerte poder viajar
por el espacio estelar!
Si algún día ve a un marciano,
le dirá adiós con la mano.

El **cocinero** impresiona.
Con un gorro por corona
y por cetro un cucharón,
es monarca del fogón,
reinando requetebién
sobre el cazo o la sartén.

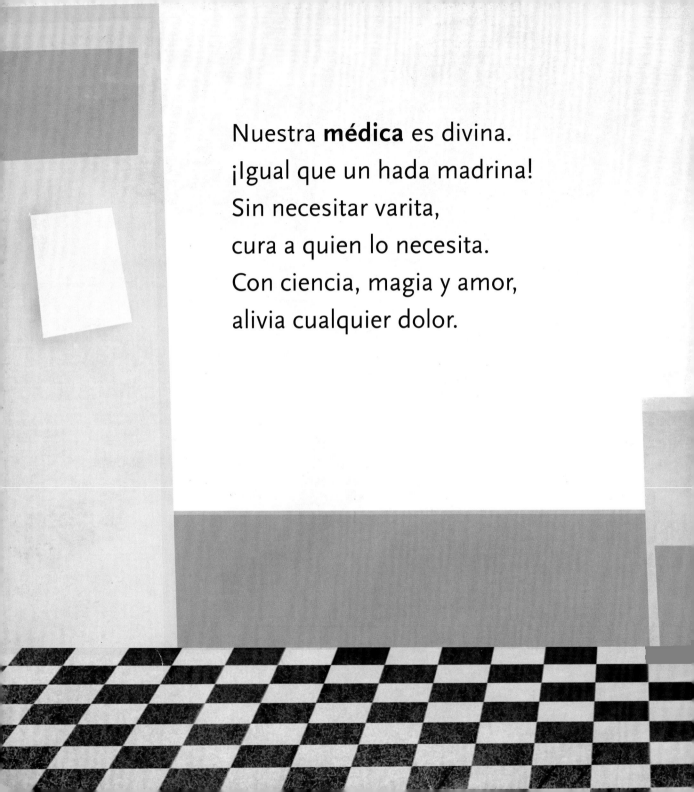

Nuestra **médica** es divina.
¡Igual que un hada madrina!
Sin necesitar varita,
cura a quien lo necesita.
Con ciencia, magia y amor,
alivia cualquier dolor.

Cuando yo sea **escritor**,
dentro de mi ordenador
vivirá un hada novata
que meta mucho la pata
o una bruja que a un mosquito
lo transforme en huevo frito.

¡Con qué cariño el **maestro**
educa a diestro y siniestro!
Escuchamos sus relatos
con los ojos como platos.
Es tan díver que en la escuela
parece que el tiempo vuela.

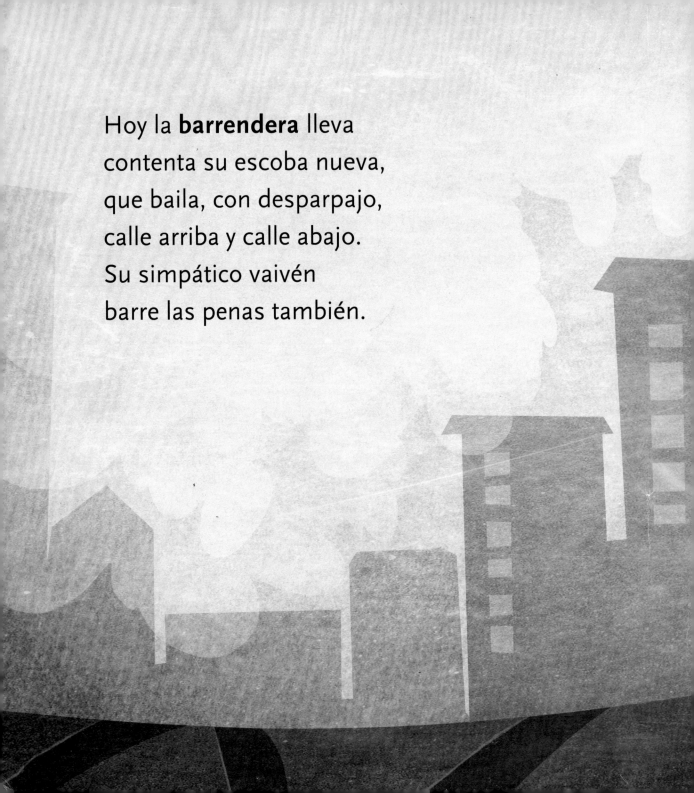

Hoy la **barrendera** lleva
contenta su escoba nueva,
que baila, con desparpajo,
calle arriba y calle abajo.
Su simpático vaivén
barre las penas también.

El **pescador** va a pescar,
entre las olas del mar,
un pez que, con mayonesa,
hoy acabará en tu mesa.
Cuando sopla un viento helado,
también pesca un resfriado.

Cura la **veterinaria**,
en su consulta diaria,
los juanetes a un ciempiés,
el hipo a un pastor inglés,
la ronquera de un león
o el vértigo de un gorrión.

La **cartera** con su moto
forma siempre un alboroto...
Sale a ladrarle al camino
la mascota del vecino
y la calma con caricias,
¡que hoy trae buenas noticias!

Aquí vive un **fontanero**,
¡el mejor del mundo entero!
Arregla todos los días
montones de tuberías.
Por su trabajo excelente,
tenemos agua corriente.

DISCARD

© Carmen Gil Martínez, 2015
© Ilustraciones: Jesús Aguado Gutiérrez, 2015
© Algar Editorial
   Polígono industrial 1 - 46600 Alzira
   www.algareditorial.com
Diseño: Pere Fuster
Impresión: Índice

1ª edición: octubre, 2015
ISBN: 978-84-9845-746-9
DL: V-1382-2015